T0198832

# A Walk To Remember

## Una Caminata Para Recordar

ANGEL CORNEJO

AuthorHouse™
1663 Liberty Drive
Bloomington, IN 47403
www.authorhouse.com
Phone: 1 (800) 839-8640

Because of the dynamic nature of the Internet, any web addresses or links contained in this book may have changed
since publication and may no longer be valid. The views expressed in this work are solely those of the author and do not
necessarily reflect the views of the publisher, and the publisher hereby disclaims any responsibility for them.

Any people depicted in stock imagery provided by Getty Images are models,
and such images are being used for illustrative purposes only.
Certain stock imagery © Getty Images.

This book is printed on acid-free paper.

ISBN: 978-1-7283-4300-6 (sc)
ISBN: 978-1-7283-4299-3 (hc)
ISBN: 978-1-7283-4298-6 (e)

Print information available on the last page.

Published by AuthorHouse 01/10/2020

authorHOUSE

# A Walk To Remember

It's Friday, and I'm really looking forward to the end of school so I can visit my *Abuelitos*. I love to visit them because it's a long walk. I always enjoy walking the path to where they live outside my village in a very nice little house on the mountains. My favorite part is that I always go with my mom.

Ya es viernes y estoy muy ansioso de que termine la escuela para poder ir a visitar a mis abuelitos. Me encanta visitarlos porque es una larga caminata. Siempre disfruto el camino hacia donde viven ellos fuera de mi pueblo. Es una casita muy bonita en el monte. Mi parte favorita es que siempre voy con mi mamá.

Once on the path, it feels like I know it by memory because of every tree, every rock and even where every lizard comes out to sunbathe. They seem to come out to greet us and say hello. I like to explore and ask my mom questions. We talk about a lot of things. She knows everything. Sometimes I wonder how my mom knows so many things. I'm just a kid, maybe later I'll understand it when I become an adult. For now, I feel very happy and safe with her by my side.

Una vez en camino, pareciera que lo conozco de memoria porque sé dónde se encuentra cada árbol, cada piedra y hasta cada lagartijo que se asoma a tomar el sol por la cerca de piedra. Hasta pareciera que salen a saludarnos y decirnos adiós. Me gusta explorar y hacerle preguntas a mi mamá. Hablamos de muchas cosas. Ella lo sabe todo y también es una experta. A veces me pregunto cómo es que mi mamá sabe tantas cosas. Pero apenas soy un niño, tal vez después lo entenderé cuando sea un adulto. Por ahora, me siento muy feliz y seguro con ella a mi lado.

After walking for several minutes and leaving the village, there is a large tree. I don't know why, but I'm afraid of this tree. Perhaps because of the cross on its trunk or because of the stories they tell in the village. I think something bad happened there. I don't know. My mom always tells me that nothing is going to happen and that everything is fine. If she says so, I trust her and I know that nothing will happen.

Después de caminar varios minutos ya al salir del pueblo, se ve ese árbol grande que tiene como una cruz en su tallo. No sé por qué razón pero le tengo miedo a ese árbol. Tal vez por la cruz en su tronco pero también por las historias que contaban en el pueblo. Creo que algo malo paso allí cerca del árbol. No sé. Mi mamá siempre me dice que no pasa nada y que todo está bien. Si ella lo dice, yo sé que no pasará nada y que todo estará bien.

We keep walking down that old path. There are many large cacti full of purple *tunas*. Further ahead, after walking a little more, there is a large pine tree in the bend of the path. Once there, it means that we are almost to my *Abuelitos'* house. You can already see the orange roof of their house. Sometimes you can even hear the dogs barking. You can also see my *Abuelito's* huge orchard full of peaches, loquats, magueys, *quiotes* and I don't know what else, but he has a lot of fruit in his orchard.

Seguimos caminando por ese viejo camino. A la orilla tiene muchos nopales grandes llenos de tunas moradas. Más delante, después de caminar un poco más por el callejón, se mira el pino grande en la vuelta del camino. Una vez allí, significa que casi llegamos a la casa de mis abuelitos. Ya se ve el techo anaranjado de su casa. A veces hasta se escuchan ladrar los perros. También, desde allí se puede mirar la grandísima hortaliza de mi abuelito que tiene muchos duraznos, nísperos, magueyes, quiotes y no sé qué más, pero tiene mucha fruta en su hortaliza.

As we reach the house, the barking sounds closer. When we arrive, the dogs come running and I hide behind my mom because they scare me. There are always at least three dogs running out barking loudly and they won't let us through. Sometimes I feel like they're going to bite us, but my mom always shouts to them loudly and they stop barking. She's not afraid. I think they know my mom or respect her because she's a grown up. When I grow up, I think they will respect me and listen to me as well.

Ya casi al llegar a la casa, se escuchan ladrar los perros más cerca. Cuando nos ven llegar, los perros salen corriendo y yo me pongo detrás de mi mamá porque les tengo mucho miedo. Siempre salen más de tres perros ladrando muy fuerte y no nos dejan pasar. A veces siento que nos van a morder, pero mi mamá siempre les habla fuerte y dejan de ladrar. No tiene miedo. Creo que conocen a mi mamá o la respetan porque es grande. Pienso que cuando yo sea grande igual me respetarán y escucharán a mí también.

Once there, the same blue smoke can be seen coming out of my *Abuelita's* kitchen chimney. The adobe above the chimney is very black. The smoke makes the adobe look old but in reality it is only black from so much smoke that has passed throughout the years. My *Abuelita* always has the *fogon* on and ready for guests arrivals just like my mom and I. It seems that my *Abuelita* already knew that we would arrive.

Al llegar, siempre se mira ese humo azul que sale lentamente de la chimenea de la cocina de mi abuelita. Se mira muy negro el adobe allí arriba en la chimenea. Hace que se vea muy vieja pero en realidad sólo está negra de tanto humo que ha pasado por allí al pasar los años. Mi abuelita siempre tiene el fogón prendido y listo para cuando llega visita como lo acabamos de hacer mi mamá y yo. Hasta pareciera que mi abuelita ya sabía que llegaríamos.

Finally, when we got to the corridor with my mom, a voice is heard from the kitchen.

"Come in, I'm in the kitchen" says my *Abuelita.*

"Do you want a *taco?*" When she asked us this, she meant if we wanted to eat.

In the midst of the kitchen smoke, you can see my *Abuelita's* silhouette next to the *fogon.* There is a typical smell of smoke mixed with the smells of boiled milk, fresh cheese, beans from the clay pot, the ingredients of the *molcajete* sauce, and the *tortillas* that are being toasted on the coals and others on the *comal.* My mom doesn't know that I think my *Abuelita's* food is more delicious than the food she cooks.

Al fin, cuando llegamos al corredor con mi mamá, se escucha una voz desde la cocina

"Pásenle, acá estoy en la cocina" dice mi abuelita

"¿Quieren taco?" a eso se refería cuando nos preguntaba que si queríamos comer.

Entre el humo de la cocina, al fondo se mira la silueta de mi abuelita a un lado del fogón. Hay un olor típico a humo mezclado con los olores a leche hervida, a queso fresco, a frijoles de la olla, a los ingredientes de la salsa de molcajete y a las tortillas que se están dorando en las brasas y otras que se están tostando en el comal. Mi mamá no sabe que yo pienso que la comida de mi abuelita está más rica que la que cocina ella.

Looking at the food on the table, you can see a *molcajete* with red *salsa* and you can even smell the *chiles* that make the *salsa*. It is not spicy. I can't describe it, I just know that her *salsa* has no comparison. As I drink my milk and eat several bean tacos, fresh cheese and salsa, I hear the conversation between my mom and my *Abuelita*, but I never pay attention. After eating, I really want to go out and find my cousins to play. We are always happy playing. Time passes very quickly. Until I hear my mom say:

"*Hijo*, let's go!" My mom shouts from the patio.

Al ver la comida de la mesa se puede ver un molcajete con salsa roja y hasta se puede oler el chile con el que está hecha. No es picante. No puedo describirla, sólo sé que su salsa no tiene comparación. Mientras tomo mi leche y como varios tacos con frijoles, queso fresco y salsa, escucho la conversación de mi mamá y mi abuelita, pero nunca les pongo atención. Después de comer, tengo muchas ganas de salir y buscar a mis primos para jugar. Siempre muy felices y contentos jugando. Se nos pasa el tiempo muy rápido. Hasta que se escucha mi mamá:

"Hijo, ¡vámonos!" Me grita mi mamá desde el otro patio.

I say goodbye but I know that at least in a week or so I'll be back again.

I go and say goodbye to my *Abuelito* and my *Abuelita*. I always hear them say thank you for coming when we say goodbye. I don't understand why they thank us for coming to see them. My mom also says thank you. I look into my mom's eyes when she says goodbye to her parents. I see so much love. I realize that my mom loves her parents very much and I think that one day I will say goodbye to mine. But then I think, why would I one day separate from my parents? I will always be with them, I tell myself. Who will protect me from dogs? Who will make me feel safe when I am afraid? Who will give me answers to everything I don't know and have yet to know in this world? I will never be away from my parents. I wouldn't know what to do without them.

Me despido pero sé que por lo menos en una semana o antes volveré otra vez.

Voy y me despido de mi abuelito y de mi abuelita también. Siempre escucho que nos dicen gracias por venir cuando nos despedimos. No entiendo por qué nos agradecen por venir a verlos. Mi mamá también les dice gracias. Miro los ojos de mi mamá cuando se despide de sus papás. Miro tanto amor. Me doy cuenta que mi mamá quiere mucho a sus papás y me pongo a pensar que si yo un día me despediré así de los míos. Pero después pienso que por qué razón yo he de separarme un día de mis padres. Siempre voy a estar con ellos, me digo a mí mismo. Así quién me protegerá de los perros, quién me hará sentir seguro cuando me siento con miedo, quién me dará esas respuestas a todo lo que yo no sé y aún no conozco en este mundo. Nunca me separaré de mis papás. No sabría qué hacer sin ellos.

It's about to get dark and that's why we're going home so we don't have to walk in the dark.

The walk home is different. I feel tired and I no longer have much energy to run and explore, get ahead of my mom, or challenge her to a foot race. Perhaps, it is because it's late and there's almost no sun and that makes me tired. I don't know. I'd rather take my mom by the hand and walk next to her. Holding her hand, I feel safe and not tired. I know she will take me home safely. Besides, we never run out of things to talk about.

Ya está a punto de oscurecer y es por eso que nos vamos a casa, para no caminar por la oscuridad.

Es diferente el regreso. Me siento cansado y ya no tengo tanta energía para correr y explorar, separarme e irme adelante de mi mamá, o retarla a unas carreras. Será que es tarde y casi no hay sol y eso me hace cansado. No sé. Mejor prefiero tomar a mi mamá de la mano y caminar junto a ella. Tomado de su mano me siento seguro y no cansado. Se que me llevará a casa con bien. Además, nunca falta de que platicar con ella.

By the time we get home, my dad is home from work. He comes up to me, rubs his beard and moustache on my face and gives me a big hug and kiss. Then, he approaches my mom and gives her a hug and a big kiss. He knows that we went to see my *Abuelitos*, my mom's parents. Although I get a little jealous when they kiss, I also get a lot of joy and happiness when they hug and kiss. I'm beginning to understand why my mom said goodbye to her parents and why she's not with them, as I am with my parents. Now I understand why my mom had to leave her parents. She did it so she could have her own family made up of my dad, my siblings and I. Fortunately, I am part of this family. *Mi familia.*

Al llegar a casa, ya mi papá ha llegado de trabajar. Se acerca a mí y frotando su barba y bigote en mi cara me da un fuerte abrazo y un beso muy grande. Después se acerca a mi mamá y le da un abrazo y un beso muy tronado. Sabe que fuimos a ver a mis abuelitos, los papás de mi mamá. Aunque me da un poco de celos cuando se dan besos, también me da gusto y mucha felicidad cuando se abrazan y se dan un beso. Creo que empiezo a comprender por qué mi mamá se despidió de sus papás y por qué no está con ellos como yo estoy con mis papás. Ahora entiendo por qué mi mamá tuvo que dejar a sus papás. Lo hizo para poder tener su propia familia formada por mi papá, mis hermanos y yo. Afortunadamente, yo soy parte de esta familia. Mi familia.

Printed in the United States
By Bookmasters